KB250676

그림이 있는 동시

나비가 날아간다

2001년 7월 10일 초판 1쇄 발행 | 2023년 7월 1일 초판 15쇄 발행

시 | 김용택　　그림 | 정순희

편집 | 윤경란, 박세희　　디자인 | 강민주　　마케팅·관리 | 이선경, 손정원　　제작 | 임진규, 김병철

펴낸곳 | 미세기　　펴낸이 | 조덕현　　출판등록 | 1994년 7월 7일 (제21-623호)

주소 | 서울특별시 강남구 논현로 164 유니북스빌딩　　전화 | 02-560-0900　　팩스 | 02-560-0901

홈페이지 | www.miseghy.com　　전자우편 | miseghy1@miseghy.com　　제조국 | 대한민국

값 | 13,000원　　ISBN | 978-89-8071-077-5 77810

잘못 만들어진 책은 구입처에서 바꿔 드립니다. 저자와 출판사의 동의 없이 이 책의 글과 그림의 전부 또는 일부를 무단으로 사용할 수 없습니다.

나비가 날아간다

시·김용택   그림·정순희

미세기

시 · 김용택

전라북도 임실 진매마을에서 태어나 스물한 살에 초등학교 교사가 되어 아이들을
가르쳤습니다. 1982년 '섬진강' 등의 시를 발표하며 작품 활동을 시작했고, 《섬진강》
《강 같은 세월》 등의 시집과 동시집 《콩, 너는 죽었다》 《너 내가 그럴 줄 알았어》,
그림책 《논다는 건 뭘까?》 《맑은 날》 등을 펴냈습니다. 김수영 문학상, 소월시
문학상, 윤동주 문학대상을 받았습니다.

그림 · 정순희

경상북도 영천 시골마을에서 태어나 대학교에서 한국화를 공부했습니다. 쓰고 그린
그림책으로 《바람 부는 날》 《누구야?》 《내 거야!》 《따라 하지 마!》 등이 있고, 그림을
그린 책으로 《새는 새는 나무 자고》 《산이 코앞으로 다가왔다》 《혼자 오니?》 등이
있습니다.

꽃

엄마, 저건 무슨 꽃이야

으응, 그건 진달래꽃이란다

그럼 엄마, 저건 무슨 꽃이야

으응, 그건 살구꽃이란다

그럼 엄마, 진달래꽃은 진달래나무에서 피고

살구꽃은 살구나무에서만 피겠네

그렇지, 다솔이는 아빠 엄마 나무에서

피어난 꽃이란다

벚꽃

꽃잎이 떨어져요

내 머리 위에도 떨어지고

내가 쳐다보면

내 눈에도

내 코에도

내 입에도 떨어져요

콩잎

할머니 집에 가서

할머니 따라 콩 심는다

호미로 땅을 파고

하나, 둘, 셋

한 구덩이에 세 개씩 넣고

흙으로 덮는다

콩은 캄캄한 땅속에서

어떻게 살까

땅속이 캄캄해서

콩은 땅을 뚫고

파랗게 나온다

나비가 날아간다

나비는 날마다 꽃을 찾아다닌다

나비는 엉겅퀴꽃에게도 가고

나비는 나팔꽃에게도 가고

나비는 달개비꽃에게도 날아간다

나비는 날아가는 모습도 참 예쁘다

그런데,

나비는 어디에서 살까?

11

빗방울

비가
내렸다

빗방울이
나뭇잎과 풀잎에
맺혀
쉬었다
내려가고

비가
내렸다

거미줄에
걸렸다

거미가
깜짝 놀랐다

산

밤이 되면

엄마 산은 아기 산을 업지요

아기 산은 엄마 등에 기대고

잠을 자지요

엄마 머리 위에는

별 하나 떠서 반짝입니다

방학

저는요

매미 잡고

방아깨비 잡고

여치 잡고

사마귀 잡고

아기 보았어요

다희가 생글생글 웃으며 말합니다

나는요

닭 밥 주고

쥐 보고

똥벌레 보고

붕어 낚고

강아지 보아 주고

토끼 두 마리 풀 뜯어다 주었어요

창우가 똑똑하게 말합니다

개구리가 귀뚜라미를 쫓아요

폴짝폴짝 뛰어라

개구리야

폴짝폴짝 뛰어라

개구리야

귀뚤귀뚤 도망가라

귀뚜라미야

귀뚤귀뚤 도망가라

귀뚜라미야

폴짝

귀뚤

폴짝

귀뚤

귀뚤
폴짝
귀뚤
폴짝

어,   어,   귀뚜라미가 어디 갔지?

19

다람쥐

가을이 되어

다람쥐는 바쁘다

도토리도

줍고

알밤도

줍고

가을이 되어

다람쥐는 하루 종일

정말 바쁘다

21

고추

학교 갔다 와서

고추밭에 간다

엄마는 고추를 따고 있다

불같이 빨갛게 생긴 고추를

많이도 땄다

나도 엄마 따라 고추를 딴다

엄마는 고추를 머리에 이고 집에 간다

엄마 머리에 불났다 불났어!

엄마는 빨간 불을 머리에 이고

집에 간다

알밤

다희는 오늘도

밤나무 밑을 지나 학교 갑니다

어, 알밤이 떨어졌네

이 알밤은 선생님 것

어, 알밤이 떨어지네

이 알밤은 창우 것

어, 알밤이 또 떨어지네

이 알밤은 내 것

다희는 빨리빨리 학교 갑니다

다희는 오늘도

밤나무 밑을 지나 집에 갑니다

어, 알밤이 또 떨어져 있네

어, 알밤이 자꾸 떨어지네

이 알밤은 할머니 것

이 알밤은 엄마 것

이 알밤은 아빠 것

이 알밤은 동생 것

어, 한 주먹이 다 되었네

다희는 빨리빨리 집에 갑니다

혼자서 길을 내며

하얀 눈이 펑펑 내리는데

들판 가득 하얗게 내리는데

병태 혼자서 학교에 간다

작은 머리에

작은 어깨에

가방 위에 눈이 가만가만 내리는데

들판에 오는 눈을 혼자 다 맞으며

눈사람같이

병태는 혼자서 학교에 간다

솜송이같은 눈이

산에

강에

들에

온 세상을 하얗게 덮는데

병태는 혼자 길을 내며

머언 학교에 간다

병태 양말

병태 발가락이

양말을 뚫고 쏘옥 나왔네

　어, 추워

　어, 추워

병태 엄지발가락이 꼼지락꼼지락 양말 속을 찾지만

병태 발가락 들어갈 곳이 없네

　어, 추워

　어, 추워

병태 양말

빵꾸 났네

눈 오네

우리 동네에 하루 종일 눈 오네

밥 먹다가 내다보면 눈 오는데

밥 먹고 나면 눈 안 오고

공부하다 보면 눈 안 오는데

공부 끝나고 보면 눈 오고

어쩌다가 보면 눈 오는데

어쩌다가 보면 눈 안 오고

또 어쩌다가 보면

또 눈 안 오고

또 어쩌다가 보면

또 눈 오고

해 다 졌는지 날은 어두워지는데

똥 싸다 보면 눈 오고

또 싸고 나서 마당에 서면

또 눈 안 오다가

방문 열다가 뒤돌아보니

그새 또 눈 오네

오다가 말다가 하루 종일 눈 오네

우리 동네에 하루 종일 눈 오네

할머니

꽃이 피는 봄날
시골 할머니 집에 가서
잎이 피어나는 느티나무를 보았습니다
할머니는 그 느티나무 밑을 지나고 있었습니다

매미가 우는 여름날
시골 할머니 집에 가서
잎이 우거진 느티나무를 보았습니다
할머니는 그 느티나무 밑을 지나고 있었습니다

들국화가 곱게 피는 가을날
시골 할머니 집에 가서
단풍 물드는 느티나무를 보았습니다
할머니는 그 느티나무 밑을 지나고 있었습니다

느티나무 잎이 다 진 겨울날
시골 할머니 집에 가서 할머니랑 마루에 앉아
느티나무에 하얗게 내리는 눈을
오래오래 바라보았습니다